नीरजा

नीरजा

महादेवी वर्मा

लोकभारती प्रकाशन

लोकभारती प्रकाशन
पहली मंजिल, दरबारी बिल्डिंग, महात्मा गांधी मार्ग
प्रयागराज-211 001

वेबसाइट : www.lokbhartiprakashan.com
ईमेल : info@lokbhartiprakashan.com

शाखाएँ : 1-बी, नेताजी सुभाष मार्ग, दरियागंज
नई दिल्ली-110 002
अशोक राजपथ, साइंस कॉलेज के सामने
पटना-800 006
1, अनमोल सोराबजी संतुक लेन, धोबी तलाव,
मरीन लाइंस, मुम्बई-400 002

पहला सजिल्द संस्करण : 2010
पाँचवाँ संस्करण : 2024

बी.के. ऑफसेट
नवीन शाहदरा, दिल्ली-110 032
द्वारा मुद्रित

NEERJA
by Mahadevi Verma

ISBN : 978-81-8031-121-5

मूल्य : ₹ 595

जिनके

मधुर कंठ से निकलते हुए मीरा के पद

प्रभाती और लोरी के समान

बचपन में

मुझे जगाते-सुलाते रहे हैं

उन्हीं जननी को

गीतों की अकिंचन

भेंट।

वक्तव्य

खड़ी बोली का प्रचार हुए अभी बहुत दिन नहीं हुए; मुश्किल से २०-२५ वर्ष ही बीते होंगे। इस अल्प अवधि में ही हिन्दी-कविता ने जो उन्नति की है, हमारे साहित्य के लिए परम हर्ष का विषय है। बीसवीं शताब्दी के अर्द्धांश के पूर्व वर्तमान हिन्दी-कविता ने प्रगति के पथ पर अपना जो नूतन प्रथम चरण बढ़ाया है, उसकी सफलता को देखते हुए हमें पूर्ण आशा होती है कि यह काल हमारे साहित्य के भावी इतिहास में बड़े गौरव की दृष्टि से देखा जाएगा।

श्रीमती महादेवी वर्मा का स्थान हिन्दी की आधुनिक कवयित्रियों में बहुत ऊँचा है; इतना ही नहीं, वे हिन्दी के उन प्रमुख कवियों में से हैं, जिनकी प्रतिभा से हमारे साहित्य के एक ऐसे युग का निर्माण हो रहा है, जो आज के ही नहीं, भविष्य के सहृदयों को भी आप्यायित करता रहेगा। उन कवियों की पंक्ति में श्रीमती महादेवी का एक निश्चित स्थान है।

श्रीमती वर्मा हिन्दी-कविता के इस वर्तमान युग की वेदना-प्रधान कवयित्री हैं उनकी काव्य-वेदना आध्यात्मिक है। उसमें आत्मा का परमात्मा के प्रति आकुल प्रणय-निवेदन है। कवि की आत्मा, मानो विश्व में बिछुड़ी हुई प्रेयसी की भाँति अपने प्रियतम का स्मरण करती है। उसकी दृष्टि से विश्व की सम्पूर्ण प्राकृतिक शोभा-सुषमा एक अनन्त अलौकिक चिरसुन्दर की छायामात्र है। इस प्रतिबिम्ब जगत् को देखकर कवि का हृदय उसके सलोने बिम्ब के लिए ललक उठा है। मीरा ने जिस प्रकार उस परमपुरुष की उपासना सगुण रूप में की थी, उसी प्रकार महादेवी जी ने अपनी भावनाओं में उसकी आराधना निर्गुण रूप में की है। उसी एक का स्मरण, चिन्तन एवं उसके तादात्म्य होने की उत्कंठा महादेवी जी की कविताओं के उपादान हैं। उनकी 'नीहार' में हम इस उपासना-भाव का परिचय विशेष रूप से पाते हैं। 'रश्मि' में इस भाव के साथ ही हमें उनके उपास्य का दार्शनिक 'दर्शन' भी मिलता है।

प्रस्तुत गीत-काव्य 'नीरजा' में 'नीहार' का उपासना-भाव और भी सुस्पष्टता और तन्मयता से जाग्रत हो उठा है। इसमें अपने उपास्य के लिए केवल आत्मा की करुण अधीरता ही नहीं, अपितु हृदय की विह्वल प्रसन्नता भी मिश्रित है। 'नीरजा' यदि अश्रुमुख वेदना के कणों से भीगी हुई है, तो साथ ही आत्मानन्द के मधु से मधुर भी है। मानो, कवि की वेदना, कवि की करुणा, अपने उपास्य के चरण-स्पर्श से पूत होकर आकाश-गंगा की भाँति इस छायामय जग को सींचने में ही अपनी सार्थकता समझ रही है।

'नीरजा' के गीतों में संगीत का बहुत सुन्दर प्रवाह है। हृदय के अमूर्त भावों को भी, नव-नव उपमाओं एवं रूपकों द्वारा कवि ने बड़ी मधुरता से एक-एक सजीव स्वरूप प्रदान कर दिया है। भाषा सुन्दर, कोमल, मधुर और सुस्निग्ध है। इसके अनेक गीत अपनी मार्मिकता के कारण सहज ही हृदयंगम हो जाते हैं।

श्रीमती वर्मा की काव्यशैली में अब तक अनेक परिवर्तन हो चुके हैं। और यह परिवर्तन ही उनके विकास का सूचक है। अपने प्रारम्भिक कवि-जीवन में महादेवी जी ने सामाजिक और राष्ट्रीय कविताएँ भी लिखी थीं; परन्तु उनकी प्रतिभा वहीं तक सीमित नहीं रही। फलतः 'नीरजा' और 'रश्मि' द्वारा ही वे अपने व्यापक कवि-रूप में हिन्दी संसार में प्रतिष्ठित हुईं। अब इस 'नीरजा' में उसकी प्रतिभा और भी भव्यरूप में प्रफुल्ल हुई है। इसमें भाषा, भाव और शैली सभी दृष्टियों से उनकी प्रतिभा का उत्कृष्ट विकास हुआ है। हमें पूर्ण आशा है कि उनकी यह नूतन कलाकृति उनके पथ को हमारे साहित्य में और भी समुज्ज्वल कर देगी और साहित्य-रसिकों के अपार प्रेम की वस्तु बनेगी।

—कृष्णदास

प्रथम पंक्ति

प्रिय इन नयनों का अश्रु-नीर!

दुख से आविल सुख से पंकिल,
बुदबुद् से स्वप्नों से फेनिल,
बहता है युग-युग अधीर!

जीवन-पथ का दुर्गमतम तल
अपनी गति से कर सजल सरल,
शीतल करता युग तृषित तीर!

इसमें उपजा यह नीरज सित,
कोमल कोमल लज्जित मीलित;
सौरभ सी लेकर मधुर पीर!

इसमें न पंक का चिह्न शेष,
इसमें न ठहरता सलिल-लेश,
इसको न जगाती मधुप-भोर!

तेरे करुणा-कण से विलसित,
हो तेरी चितवन में विकसित,
छू तेरी श्वासों का समीर!

●

धीरे धीरे उतर क्षितिज से
आ वसन्ती-रजनी!

तारकमय नव वेणीबन्धन
शीश-फूल कर शशि का नूतन,
रश्मि-वलय सित घन-अवगुण्ठन,

मुक्ताहल अभिराम बिछा दे
चितवन से अपनी।
पुलकती आ वसन्त-रजनी।

मर्मर की सुमधुर नूपुर-ध्वनि,
अलि-गुंजित पद्मों की किंकिणि,
भर पद-गति में अलस तरंगिणि,

तरल रजत की धार बहा दे
मृदु स्मित से सजनी।
विहँसती आ वसन्त-रजनी।

पुलकित स्वप्नों की रोमावलि,
कर में हो स्मृतियों की अंजलि,
मलयानिल का चल दुकूल अलि!

घिर छाया-सी श्याम, विश्व को
आ अभिसार बनी।
सकुचती आ वसन्त-रजनी।

सिहर सिहर उठता सरिता-उर,
खुल खुल पड़ते सुमन सुधा-भर,
मचल मचल आते पल फिर फिर,
सुन प्रिय की पद-चाप हो गयी
पुलकित यह अवनी।

सिहरती आ वसन्त-रजनी।

●

पुलक पुलक उर, सिहर सिहर तन,
आज नयन आते क्यों भर-भर।

सकुच सलज खिलती शेफाली,
अलस मौलश्री डाली डाली;
बुनते नव प्रवाल कुंजों में,
रजत श्याम तारों से जाली;
शिथिल मधु-पवन गिन-गिन मधु-कण,
हरसिंगार झरते हैं झर-झर।
आज नयन आते क्यों भर भर?

पिक की मधुमय वंशी बोली,
नाच उठी सुन अलिनी भोली;
अरुण सजल पाटल बरसाता,
तम पर मृदु पराग की रोली;
मृदुल अंक धर, दर्पण सा सर,
आज रही निशि दृग-इन्दीवर!
आज नयन आते क्यों भर भर?

आँसू बन बन तारक आते,
सुमन हृदय में सेज बिछाते;
कम्पित वानीरों के बन भी,
रह रह करुण विहाग सुनाते,

निद्रा उन्मन, कर कर विचरण,
लौट रही सपने संचित कर!
आज नयन आते क्यों भर भर?

जीवन-जल-कण से निर्मित सा,
चाह-इन्द्रधनु से चित्रित सा,
सजल मेघ सा धूमिल है जग,
चिर नूतन सकरुण पुलकित सा;
तुम विद्युत् बन, आओ पाहुन!
मेरी पलकों में पग धर-धर!
आज नयन आते क्यों भर भर?

●

तुम्हें बाँध पाती सपने में!
तो चिरजीवन-प्यास बुझा
लेती उस छोटे क्षण अपने में!

पावस-घन सी उमड़ बिखरती,
शरद-दिशा सी नीरव घिरती,
धो लेती जग का विषाद
ढुलते लघु आँसू-कण अपने में!

मधुर राग बन विश्व सुलाती
सौरभ बन कण कण बस जाती,
भरती मैं संसृति का क्रन्दन
हँस जर्जर जीवन अपने में!

सब की सीमा बन सागर सी,
हो असीम आलोक-लहर सी,
तारोंमय आकाश छिपा
रखती चंचल तारक अपने में!

शाप मुझे बन जाता वर सा,
पतझर मधु का मास अजर सा,
रचती कितने स्वर्ग एक
लघु प्राणों के स्पन्दन अपने में!

साँसें कहतीं अमर कहानी,
पल-पल बनता अमिट निशानी,
प्रिय! मैं लेती बाँध मुक्ति
सौ सौ, लघुपत बन्धन अपने में।
तुम्हें बाँध पाती सपने में!

●

आज क्यों तेरी वीणा मौन?

शिथिल शिथिल तन थकित हुए कर,
स्पन्दन भी भूला जाता उर,

मधुर कसक सा आज हृदय में
आन समाया कौन?
आज क्यों तेरी वीणा मौन?

झुकती आती पलकें निश्चल,
चित्रित निद्रित से तारक चल;

सोता पारावार दृगों में
भर भर लाया कौन?
आज क्यों तेरी वीणा मौन?

बाहर घन-तम; भीतर दुख-तम,
नभ में विद्युत तुझ में प्रियतम,

जीवन पावस-रात बनाने
सुधि बन छाया कौन?
आज क्यों तेरी वीणा मौन?

शृङ्गार कर ले री सजनि!

नव क्षीरनिधि की उर्म्मियों से
रजत झीने मेघ सित,
मृदु फेनमय मुक्तावली से
तैरते तारक अमित;
सखि! सिहर उठती रश्मियों का
पहिन अवगुण्ठन अवनि!

हिम-स्नात कलियों पर जलाये
जुगुनुओं ने दीप से;
ले मधु-पराग समीर ने
वनपथ दिये हैं लीप से;
गाती कमल के कक्ष में
मधु-गीत मतवाली अलिनि!

तू स्वप्न-सुमनों से सजा तन
विरह का उपहार ले;
अगणित युगों की प्यास का
अब नयन अंजन सार ले?
अलि! मिलन-गीत बने मनोरम
नूपुरों की मदिर ध्वनि!

इस पुलिन के अणु आज हैं
भूली हुई पहचान से;
आते चले जाते निमिष
मनुहार से, वरदान से;
अज्ञात पथ, है दूर प्रिय चल
भीगती मधु की रजनि!
शृङ्गार कर ले री सजनि!

कौन तुम मेरे हृदय में?

कौन मेरी कसक में नित
मधुरता भरता अलक्षित
कौन प्यासे लोचनों में
खुमड़ घिर झरता अपरिचित?

स्वर्ण-स्वप्नों का चितेरा
नींद के सूने निलय में?
कौन तुम मेरे हृदय में?

अनुसरण निश्वास मेरे
कर रहे किसका निरन्तर
चूमने पदचिह्न किसके
लौटते यह श्वास फिर फिर?

कौन बन्दी कर मुझे अब
बँध गया अपनी विजय में?
कौन तुम मेरे हृदय में?

एक करुण अभाव में चिर—
तृप्ति का संसार संचित;
एक लघु क्षण दे रहा
निर्वाण के वरदान शत शत;

पा लिया मैंने किसे इस
वेदना के मधुर क्रय में?
कौन तुम मेरे हृदय में?

गूँजता उर में न जाने
दूर के संगीत सा क्या!
आज खो निज को मुझे
खोया मिला, विपरीत सा क्या!

क्या नहा आई विरह-निशि
मिलन मधु-दिन के उदय में
कौन तुम मेरे हृदय में?

तिमिर-पारावार में
आलोक-प्रतिमा है अकम्पित
आज ज्वाला से बरसता
क्यों मधुर घनसार सुरभित?

सुन रही हूँ एक ही
झंकार जीवन में, प्रलय में!
कौन तुम मेरे हृदय में?

मूक सुख दुख कर रहे
मेरा नया शृङ्गार सा क्या?
झूम गर्वित स्वर्ग देता—
नत धरा को प्यार सा क्या?

आज पुलकित सृष्टि क्या
करने चली अभिसार लय में?
कौन तुम मेरे हृदय में?

●

ओ पागल संसार!
माँग न तू हे शीतल तममय
जलने का उपहार!

करता दीपशिखा का चुम्बन,
पल में ज्वाला का उन्मीलन;
छते ही करना होगा
जल मिटने का व्यापार!
ओ पागल संसार!

दीपक जल देता प्रकाश भर,
दीपक को छ जल जाता घर,
जलने दे एकाकी मत आ
हो जावेगा क्षार!
ओ पागल संसार!

जलना ही प्रकाश उसमें सुख
बुझना ही तम है तम में दुख;
तुझमें चिर दुख, मुझमें चिर सुख
कैसे होगा प्यार!
ओ पागल संसार!

शलभ अन्य की ज्वाला से मिल,
झुलस कहाँ हो पाया उज्ज्वल!
कब कर पाया वह लघु तन से
नव आलोक-प्रसार!
ओ पागल संसार!

अपना जीवन-दीप मृदुलतर,
वर्ती कर निज स्नेह-सिक्त उर;
फिर जो जल पावे हँस-हँस कर
हो आभा साकार!
ओ पागल संसार!

●

विरह का जलजात जीवन, विरह का जलजात!
वेदना में जन्म करुणा में मिला आवास;
अश्रु चुनता दिवस इसका, अश्रु गिनती रात!
जीवन विरह का जलजात!

आँसुओं का कोष उर, दृग अश्रु की टकसाल;
तरल जल-कण से बने घन सा क्षणिक् मृदु गात!
जीवन विरह का जलजात!

अश्रु से मधुकण लुटाता आ यहाँ मधुमास!
अश्रु ही की हाट बन आती करुण बरसात!
जीवन विरह का जलजात!

काल इसको दे गया पल-आँसुओं का हार;
पूछता इसकी कथा निश्वास ही में वात!
जीवन विरह का जलजात!

जो तुम्हारा हो सके लीलाकमल यह आज,
खिल उठे निरुपम तुम्हारी देख स्मित का प्रात!
जीवन विरह का जलजात!

•

बीन भी हूँ मैं तुम्हारी रागिनी भी हूँ!

नींद थी मेरी अचल निस्पन्द कण कण में,
प्रथम जागृति थी जगत के प्रथम स्पन्दन में,
प्रलय में मेरा पता पदचिह्न जीवन में,
शाप हूँ जो बन गया वरदान बन्धन में,
कूल भी हूँ कूलहीन प्रवाहिनी भी हूँ!

नयन में जिसके जलद वह तृषित चातक हूँ,
शलभ जिसके प्राण में वह ठिठुर दीपक हूँ,
फूल को उर में छिपाये विकल बुलबुल हूँ,
एक हो कर दूर तन से छाँह वह चल हूँ;
दूर तुमसे हूँ अखण्ड सुहागिनी भी हूँ!

आग हूँ जिससे ढुलकते बिन्दु हिमजल के,
शून्य हूँ जिसको बिछे हैं पाँवड़े पल के,
पुलक हूँ वह जो पला है कठिन प्रस्तर में,
हूँ वही प्रतिबिम्ब जो आधार के उर में;
नील घन भी हूँ सुनहली दामिनी भी हूँ!

नाश भी हूँ मैं अनन्त विकास का क्रम भी,
त्याग का दिन भी चरम आसक्ति का तम भी,
तार भी आघात भी झंकार की गति भी,
पात्र भी मधु भी मधुप भी मधुर विस्मृत भी;
अधर भी हूँ और स्मित की चाँदनी भी हूँ!

●

रूपसि तेरा घन-केश-पाश!
　　श्यामल श्यामल कोमल कोमल,
　　　लहराता सुरभित केश-पाश!

नभगंगा की रजत धार में,
　　धो आई क्या इन्हें रात?
　　　कम्पित हैं तेरे सजल अंग,
　　　सिहरा सा तन हे सद्यस्नात!
　　　　भीगी अलकों के छोरों से
　　　　　चूती बूँदें कर विविध लास!
　　　　　　रूपसि तेरा घन-केश-पाश!

सौरभभीना झीना गीला
लिपटा मृदु अंजन सा दुकूल;
　　चल अञ्चल से झर झर झरता
　　पथ में जुगुनू के स्वर्ण-फूल;
　　　दीपक से देता बार-बार
　　　　तेरा उज्ज्वल चितवन-विलास!
　　　　　रूपसि तेरा घन-केश-पाश!

उच्छ्वसित वक्ष पर चंचल है
वक-पाँतों का अरविन्द-हार;
　　तेरी निश्वासें छू भू को
　　बन बन जातीं मलयज बयार;

केकी-रव की नूपुर-ध्वनि सुन
जगती जगती की मूक प्यास!
रूपसि तेरा घन-केश-पाश!

इन स्निग्ध लटों से छा दे तन,
पुलकित अङ्कों में भर विशाल;
झुक सस्मित शीतल चुम्बन से
अङ्कित कर इसका मृदुल भाल;
दुलरा देना बहला देना,
यह तेरा शिशु जग है उदास!
रूपसि तेरा घन-केश-पाश!

●

तुम मुझ में प्रिय! फिर परिचय क्या?

तारक में छवि प्राणों में स्मृति,
पलकों में नीरव पद की गति,
लघु उर में पुलकों की संसृति,

भर लाई हूँ तेरी चंचल
और करूँ जग में संचय क्या?

तेरा मुख सहास अरुणोदय,
परछाईं रजनी विषादमय
यह जागृति वह नींद स्वप्नमय,

खेल खेल थक थक सोने दो
मैं समझूँगी सृष्टि प्रलय क्या?

तेरा अधर-विचुम्बित प्याला,
तेरी ही स्मित-मिश्रित हाला,
तेरा ही मानस मधुशाला

फिर पूछूँ क्या मेरे साकी!
देते हो मधुमय विषमय क्या?

रोम रोम में नन्दन पुलकित,
साँस साँस में जीवन शत शत,
स्वप्न स्वप्न में विश्व अपरिचित,
मुझमें नित बनते मिटते प्रिय!
स्वर्ग मुझे क्या, निष्क्रिय लय क्या?

हारूँ तो खोऊँ अपनापन,
पाऊँ प्रियतम में निर्वासन,
जीत बनूँ तेरा ही बन्धन,

भर लाऊँ सीपी में सागर
प्रिय मेरी अब हार विजय क्या?

चित्रित तू मैं हूँ रेखा-क्रम,
मधुर राग तू मैं स्वर-संगम,
तू असीम मैं सीमा का भ्रम,

काया छाया में रहस्यमय!
प्रेयसी प्रियतम का अभिनय क्या!

●

बताता जा रे अभिमानी!

कण कण उर्वर करते लोचन,
स्पन्दन भर देता सूनापन,
जग का धन मेरा दुख निर्धन,
तेरे वैभव की भिक्षुक या
कहलाऊँ रानी!
बताता जा रे अभिमानी!

दीपक सा जलता अन्तस्तल
संचित कर आँसू के बादल
लिपटा है इससे प्रलयानिल,
क्या यह दीप जलेगा मुझसे
भर हिम का पानी?
बताता जा रे अभिमानी!

चाहा था तुझ में मिटना भर,
दे डाला बनना मिट मिट कर,
यह अभिशाप दिया है या वर,
पहली मिलन-कथा हूँ या मैं
चिर विरह कहानी!
बताता जा रे अभिमानी!

●

मधुर मधुर मेरे दीपक जल!
युग युग प्रतियुग प्रतिक्षण प्रतिपल,
प्रियतम का पथ आलोकित कर!

सौरभ फैला विपुल धूप बन,
मृदुल मोम सा घुल रे मृदु तन;
दे प्रकाश का सिन्धु अपरिमित,
तेरे जीवन का अणु गल गल!
पुलक पुलक मेरे दीपक जल!

सारे शीतल कोमल नूतन,
माँग रहे तुझसे ज्वाला-कण
विश्व-शलभ सिर धुन कहता 'मैं
हाय न जल पाया तुझमें मिल'!
सिहर सिहर मेरे दीपक जल!

जलते, नभ में देख असंख्यक,
स्नेह हीन नित कितने दीपक;
जलमय सागर का उर जलता,
विद्युत ले घिरता है बादल!
विहँस विहँस मेरे दीपक जल!

●

द्रुम के अंग हरित कोमलतम
ज्वाला को करते हृदयंगम,
वसुधा के जड़ अन्तर में भी,
बन्दी है तापों की हलचल!
बिखर बिखर मेरे दीपक जल!

मेरे निश्वासों से द्रुततर,
सुभग न तू बुझने का भय कर;
मैं अंचल की ओट किये हूँ,
अपनी मृदु पलकों से चंचल!
सहज सहज मेरे दीपक जल!

सीमा ही लघुता का बन्धन,
है अनादि तू मत घड़ियाँ गिन;
मैं दृग के अक्षय कोषों से—
तुझमें भरती हूँ आँसू-जल!
सजल सजल मेरे दीपक जल!

तम असीम तेरा प्रकाश चिर,
खेलेंगे नव खेल निरन्तर;
तम के अणु अणु में विद्युत सा—
अमिट चित्र अंकित करता चल
सरल सरल मेरे दीपक जल!

तू जल जल जितना होता क्षय,
वह समीप आता छलनामय;
मधुर मिलन में मिट जाना तू—
उसकी उज्ज्वल स्मित में घुल खिल!
मदिर मदिर मेरे दीपक जल!
प्रियतम का पथ आलोकित कर!

●

मुखर पिक हौले बोल!
हठीले हौले हौले बोल!

जाग लुटा देंगी मधु कलियाँ मधुप कहेंगे 'और'
चौंक गिरेंगे पीले पल्लव अम्ब चलेंगे मौर,
समीरण मत्त उठेगा डोल!
हठीले हौले हौले बोल!

मर्मर की वंशी में गूँजेगा मधुऋतु का प्यार;
झर जाएगा कम्पित तृण से लघु सपना सुकुमार;
एक लघु आँसू बन बेमोल!
हठीले हौले हौले बोल!

'आता कौन' नीड़ तज पूछेगा विहगों का रोर;
दिग्वधुओं के घन-घूँघट के चंचल होंगे छोर;
पुलक से होंगे सजल कपोल!
हठीले हौले हौले बोल!

प्रिय मेरा निशीथ-नीरवता में आता चुपचाप,
मेरे निमिषों से भी नीरव है उसकी पदचाप;
सुभग! यह पल घड़ियाँ अनमोल!
हठीले हौले हौले बोल!

वह सपना बन बन आता जागृति में जाता लौट!
मेरे श्रवण आज बैठे हैं इन पलकों की ओट;
व्यर्थ मत कानों में मधु घोल!
हठीले हौले हौले बोल!

भर पावे तो स्वरलहरी में भर वह करुण हिलोर,
मेरा उर तज वह छिपने का ठौर न ढूँढ़े भोर;
उसे बाँधूँ फिर पलकें खोल!
हठीले हौले हौले बोल!

●

पथ देख बिता दी रेन
मैं प्रिय पहचानी नहीं!

तम ने धोया नभ-पंथ
सुवासित हिमजल से;
सूने आँगन में दीप
जला दिये झिल-मिल से;
आ प्रात बुझा गया कौन
अपरिचित, जानी नहीं!
मैं प्रिय पहचानी नहीं!

धर कनक-थाल में मेघ
सुनहला पाटल सा,
कर बालारुण का कलश
विहग-रव मंगल सा,
आया प्रिय-पथ से प्रात—
सुनायी कहानी नहीं!
मैं प्रिय पहचानी नहीं!

नव इन्द्रधनुष सा चीर
महावर अंजन ले,
अलि-गुंजित मीलित पंकज—
—नूपुर रुनझुन ले,
फिर आयी मनाने साँझ

मैं बेसुध मानी नहीं!
मैं प्रिय पहचानी नहीं!

इन श्वासों का इतिहास
आँकते युग बीते;
रोमों में भर भर पुलक
लौटते पल रीते;
यह ढुलक रही है याद
नयन से पानी नहीं!
मैं प्रिय पहचानी नहीं!

अलि कुहरा सा नभ विश्व
मिटे बुदबुद्-जल सा;
यह दुख का राज्य अनन्त
रहेगा निश्चल सा;
हूँ प्रिय की अमर सुहागिनि
पथ की निशानी नहीं!
मैं प्रिय पहचानी नहीं!

मेरे हँसते अधर नहीं जग—
की आँसू-लड़ियाँ देखो!
मेरे गीले पलक छुओ मत
मुर्झाई कलियाँ देखो!

हँस देता नव इन्द्रधनुष की—
स्मित में घन मिटता मिटता;
रँग जाता है विश्व राग से
निष्फल दिन ढलता ढलता;
कर जाता संसार सुरभिमय
एक सुमन झरता झरता;
भर जाता आलोक तिमिर में
लघु दीपक बुझता बुझता;

मिटनेवालों की हे निष्ठुर!
बेसुध रँगरलियाँ देखो,
मेरे गीले पलक छुओ मत
मुर्झाई कलियाँ देखो!

गल जाता लघु बीज असंख्यक
नश्वर बीज बनाने को;
तजता पल्लव वृन्त पतन के,
हेतु नये विकसाने को,

मिटता लघु पल प्रिय देखो
कितने युग कल्प मिटाने को;
भूल गया जग भूल विपुल
भूलोंमय सृष्टि रचाने को!

मेरे बन्धन आज नहीं प्रिय,
संसृति की कड़ियाँ देखो!
मेरे गीले पलक छुओ मत
मुर्झाई कलियाँ देखो?

श्वासें कहतीं 'आता प्रिय'
निश्वास बताते 'बह जाता';
आँखों ने समझा अनजाना
उर कसता चिर यह नाता
सुधि से सुन 'वह स्वप्न सजीला
क्षण क्षण नूतन बन आता',
दुख उलझन में राह न पाता
सुख दृग-जल में बह जाता;

मुझ में हो तो आज तुम्हीं 'मैं'
बन दुख की घड़ियाँ देखो?
मेरे गीले पलक छुओ मत
बिखरी पंखुरियाँ देखो!

●

इस जादूगरनी वीणा पर
गा लेने दो क्षण भर गायक!

पल भर ही गायक चातक ने
रोम रोम में प्यास प्यास भर;
काँप उठा आकुल सा अग जग
सिहर उठा तारोंमय अम्बर;

भर आया घन का उर गायक!
गा लेने दो क्षण भर गायक!

क्षण भर ही गाया फूलों ने
दृग में जल अधरों में स्मित घर
लघु उर के अनन्त सौरभ से
कर डला यह पथ नन्दन चिर;

पाया चिर जीवन झर गायक!
गा लेने दो क्षण भर गायक!

एक निमिष गाया दीपक ने
ज्वाला का हँस आलिंगन कर;
उस लघु पल से गर्वित है तू
लघु रज-कण आभा का सागर,

दिव उस पर न्योछावर गायक!
गा लेने दो क्षण भर गायक?
एक घड़ी गा लूँ प्रिय मैं भी
मधुर वेदना से भर अन्तर;
दुख हो सुखमय सुख हो दुखमय,
उपल बने पुलकित से निर्झर

मरु हो जाये उर्वर गायक!
गा लेने दो क्षण भर गायक!

●

घन बनूँ वर दो मुझे प्रिय!

जलधि-मानस से नव जन्म पा
सुभग तेरे ही दृग-व्योम में,

सजल श्यामल मंथर मूक सा
तरल अश्रु-विनिर्मित गात ले,

नित घिरूँ झर झर मिटूँ प्रिय!
घन बनूँ वर दो मुझे प्रिय!

●

आ मेरी चिर मिलन-यामिनी;

तममयि! घिर आ धीरे-धीरे,
आज न सज अलकों में हीरे,
चौंका दें जग श्वास न सीरे,

हौले झरें शिथिल करी में—
गूँथे हरशृङ्गार कामिनी!

हौले डाल पराग-बिछौने,
आज न दे कलियों को रोने,
दे चिर चंचल लहरें सोने,

जगा न निद्रित विश्व ढालने
विधु-प्याले से मधुर चाँदनी

परिमल भर लावे नीरव घन;
गले न मृदु उर आँसू बन बन,
हो न करण पी पी का क्रन्दन,

अलि, जुगुनू के छिन्न हार को
पहिन न विहँसे चपल दामिनी!

अपलक हैं अलसाये लोचन,
मुक्ति बन गये मेरे बन्धन,
है अनन्त अब मेरा लघु क्षण,

रजनि! न मेरी उर-कम्पन से
आज बजेगी विरह-रागिनी!

तम में हो चल छाया का क्षय,
सीमित की असीम में चिर लय,
एक हार में हों शत शत जय,

सजनि! विश्व का कण कण मुझको
आज कहेगा चिर सुहागिनी!

●

जग ओ मुरली की मतवाली!

दुर्गम पथ हो ब्रज की गलियाँ
शूलों में मधुवन की कलियाँ;
यमुना हो दृग के जलकण में,
वंशी-ध्वनि उर की कम्पन में,

जो तू करुणा का मंगलघट ले
बन आवे गोरसवाली!
जग ओ मुरली की मतवाली!

चरणों पर नवनिधियाँ खेलीं,
पर तूने हँस पहनी सेली;
चिर जाग्रत थी तू दीवानी,
प्रिय की भिक्षुक दुख की रानी;

खारे दृग-जल से सींच-सींच
प्रिय की सनेह-वेली पाली!
जग ओ मुरली की मतवाली!

कंचन के प्याले का फेनिल,
नीलम सा तम सा हालाहल;
छू तूने कर डाला उज्ज्वल,
प्रिय के पदपद्मों का मधुजल;

फिर अपने मृदु कर से छूकर
मधुकर कर जा यह विष की प्याली!
जग ओ मुरली की मतवाली!

मरुशेष हुआ यह मानस-सर,
गतिहीन मौन दृग के निर्झर;
इस शीत निशा का अन्त नहीं,
आता पतझार वसन्त नहीं;

गा तेरे ही पंचम स्वर से
कुसुमित हो यह डाली-डाली!
जग ओ मुरली की मतवाली!

●

कैसे संदेश प्रिय पहुँचाती!

दृग-जल की सित मसि है अक्षय;
मसि-प्याली, झरते तारक-द्वय;

पल-पल के उड़ते पृष्ठों पर
सुधि से लिख श्वासों के अक्षर—

मैं अपने ही बेसुधपन में
लिखती हूँ कुछ, कुछ लिख जाती!

छायापथ में छाया से चल,
कितने आते-जाते प्रतिपल;

लगते उनके विभ्रम इंगित,
क्षण में रहस्य क्षण में परिचित;

मिलता न दूत वह चिर परिचित
जिसको उर का धन दे आती!

अज्ञात पुलिन से, उज्ज्वलतर,
किरणें प्रवाल-तरणी में भर;

तम के नीलम-कूलों पर नित,
जो ले आती अरुणा सस्मित—

वह मेरी करुण कहानी में
मुस्कानें अंकित कर जाती!

सज केशर - पट तारक - बेंदी
दृग अंजन मृदु पद में मेंहदी,
आती भर मदिरा से गगरी,
सन्ध्या अनुराग सुहागभरी;

मेरे विषाद में वह अपने
मधुरस की बूँदें छलकाती!

डाले नव घन का अवगुण्ठन,
दृग-तारक में सकरुण चितवन;
पदध्वनि से सपने जाग्रत कर
श्वासों से फैला मूक तिमिर,

निशि अभिसारों में आँसू से
मेरी मनुहारें धो जातीं!
कैसे संदेश प्रिय पहुँचाती!

मैं बनी मधुमास आली!

आज मधुर विषाद की घिर करुण आयी यामिनी;
बरस सुधि के इन्दु से छिटकी पुलक की चाँदनी;

उमड़ आयी री दृगों में
सजनि कालिन्दी निराली!

रजत-स्वप्नों में उदित अपलक विरल तारावली;
जाग सुख-पिक ने अचानक मदिर पंचम तान ली;

बह चली निश्वास की मृदु
वात मलय-निकुंज-पाली!

सजल रोमों में बिछे हैं, पाँवड़े मधुस्नात से,
आज जीवन के निमिष भी दूत हैं अज्ञात से,

क्या न अब प्रिय की बजेगी
मुरलिका मधु-रागवाली?
मैं बनी मधुमास आली!

●

मैं मतवाली इधर, उधर प्रिय मेरा अलबेला सा है!

मेरी आँखों में ढलकर
छबि उसकी मोती बन आई,
उसके घन-प्यालों में है
विद्युत सी मेरी परछाईं,
नभ में उसके दीप, स्नेह
जलता है पर मेरा उनमें,
मेरे हैं यह प्राण, कहानी
पर उसकी हर कम्पन में;

यहाँ स्वप्न की हाट वहाँ अलि छाया का मेला सा है!

उसकी स्मित लुटती रहती
कलियों में मेरे मधुवन की;
उसकी मधुशाला में बिकती
मादकता मेरे मन की;
मेरा दुख का राज्य मधुर
उसकी सुधि के पल रखवाले;
उसका सुख का कोष वेदना—
के मैंने ताले डाले;

वह सौरभ का सिन्धु मधुर जीवन मधु की बेला सा है!

मुझे न जाना अलि! उसने
जाना इन आँखों का पानी
मैंने देखा उसे नहीं
पदध्वनि है केवल पहचानी;
मेरे मानस में उसकी स्मृति
भी तो विस्मृति बन आती;
उसके नीरव मन्दिर में
काया भी छाया हो जाती;

क्यों यह निर्मल खेल सजनि! उसने मुझसे खेला सा है!

●

तुमको क्या देखूँ चिर नूतन!
जिसके काले तिल में बिम्बित
हो जाते लघु तृण औ' अम्बर
निश्चलता में स्वप्नों से जग,
चंचल हो भर देता सागर!
जिस दिन सब आकार-हीन तम,
देख न पायी मैं यह लोचन!

तुमको पहचानूँ क्या सुन्दर!

जो मेरे सुख दुख से उर्वर
जिसको मैं अपना कह गर्वित,
करता सूनेपन को, पल में,
जड़ को नव कम्पन में कुसुमित,
जो मेरी श्वासों का उद्‌गम,
जान न पायी अपना ही उर!

तुमको क्या बाँधूँ छायातन!

तेरी विरह-निशा जिसका दिन,
जो स्वच्छन्द मुझे है बन्धन,
अणुमय हो बनता जो जगमय,
उड़ते रहना जिसका स्पन्दन,
जीवन जिससे मेरा संगम,
बाँध न पायी अपना चल मन!

तुमको क्या रोकूँ चिर चंचल!

जिसका मिट जाना प्रलयंकर,
बनना ही संसृति का अंकुर,
मेरी पलकों का द्रुत कम्पन,
है जिसका उत्थान पतन चिर,
मुझसे जो नव और चिरन्तन,
रोक न पायी मैं वह लघु पल!

तुमको क्या रोकूँ चिर चंचल!

●

प्रिय गया है लौट रात!
सजल धवल अलस चरण,
मूक मदिर मधुर करुण,
चाँदनी है अश्रुस्नात!

सौरभ-मद ढाल शिथिल;
मृदु बिछा प्रवास वकुल;
सो गयी सी चपल वात!

युग युग जल मूक विकल,
पुलकित अब स्नेह-तरल,
दीपक है स्वप्नसात!

जिसके पदचिह्न विमल,
तारकों में अमिट विरल,
गिन रहे हैं नीर-जात!

किसकी पदचाप चकित,
जग उठे हैं जन्म अमित,
श्वास श्वास में प्रभात!

●

एक बार आओ इस पथ से
मलय-अनिल बन हे चिर चंचल!

अधरों पर स्मित सी किरणें ले
श्रमकण से चर्चित सकरुण मुख,
अलसायी है विरह - यामिनी
पथ में लेकर सपने सुख-दुख,
आज सुला दो चिर निद्रा में
सुरभित कर इसके चल कुन्तल!

मृदु नभ के उर में छाले से
निष्ठुर प्रहरी से पल पल के,
शलभ न जिन पर मँडराते प्रिय!
भस्म न बनते जो जल जल के
आज बुझा जाओ अम्बर के
स्नेहहीन यह दीपक झिलमिल!

तुम ही तुम हो और विश्व में
मेरा चिर परिचित सूनापन,
मेरी छाया हो मुझमें लय
छाया में संसृति का स्पन्दन,
मैं पाऊँ सौरभ सा जीवन
तेरी निश्वासों में घुल-मिल

●

क्यों जग कहता मतवाली!

क्यों न शलभ पर लुट लुट जाऊँ
झुलसे पंखों को चुन लाऊँ,
उन पर दीपशिखा अंकवाऊँ,
अलि! मैंने जलने ही में जब
जीवन की निधि पा ली!

क्या अनुनय में मनुहारों में,
क्या आँसू में उद्‌गारों में,
आवाहन में अभिसारों में,
जब मैंने अपने प्राणों में
प्रिय की छाँह छिपा ली!

भावे क्या अलि! अस्थिर मधुदिन,
दो दिन का मृदु मधुकर-गुंजन,
पल भर का यह मधु-मद वितरण,
चिर वसन्त है मेरे इस
पतझर की डाली डाली!

जो न हृदय अपना बिंधवाऊँ,
निश्वासों के तार बनाऊँ
तो कह किसका हार बनाऊँ
तारों ने वह दृष्टि, कली ने
उनकी हँसी चुरा ली!

मैंने कब देखी मधुशाला?
कब माँगा मरकत का प्याला?
कब छलकी विद्रुम सी हाला?
मैंने तो उनकी स्मित में?
केवल आँखें धो डाली!
क्यों जग कहता मतवाली!

•

जाने किसकी स्मित रूम झूम,
जाती कलियों को चूम चूम!

उनके लघु उर में जग, अलसित,
सौरभ-शिशु चल देता विस्मित;
हौले मृदु पद से डोल डोल,
मृदु पंखुरियों के द्वार खोल!

कुम्हला जाती कलिका अजान;
वह सुरभित करता विश्व, घूम!

जाने किसकी छवि रूम झूम,
जाती मेघों को चूम चूम!

वे मन्थर जल के बिन्दु चकित,
नभ को तज ढुल पड़ते विचलित!
विद्युत के दीपक ले चंचल,
सागर सा गर्जन कर निष्फल,

घन थकते उनको खोज खोज,
फिर मिट जाते ज्यों विफल धूम!

जाने किसकी ध्वनि रूम झूम,
जाती अचलों को चूम चूम!

उनके जड़ जीवन में संचित,
सपने बनते निर्झर पुलकित,

प्रस्तर के कण घुल घुल अधीर,
उसमें भरते नव स्नेह-नीर!

वह बह चलता अज्ञात देश,
प्यासों में भरता प्राण, झूम!

जाने किसकी सुधि रूम झूम,
जाती पलकों को चूम चूम!

उर-कोषों के मोती अविदित,
बन पिघल पिघल कर तरल रजत,
भरते आँखों में बार-बार,
रोके न आज रुकते अपार;

मिटते ही जाते हैं प्रतिपल,
इन धूलि-कणों के चरण-चूम!

●

तेरी सुधि बिन क्षण क्षण सूना!

कम्पित कम्पित,
पुलकित पुलकित,
परछाईं मेरी से चित्रित,
रहने दो रज का मंजु मुकुर,
इस बिन शृंगार-सदन सूना!
तेरी सुधि बिन क्षण क्षण सूना!

सपने औ' स्मित,
जिसमें अंकित,
सुख दुख के डोरों से निर्मित;
अपनेपन की अवगुण्ठन बिन
मेरा अपलक आनन सूना!
तेरी सुधि बिन क्षण क्षण सूना!

जिनका चुम्बन,
चौंकाता मन,
बेसुधपन में भरता जीवन
भूलों के सूलों बिन नूतन,
उर का कुसुमित उपवन!
तेरी सुधि बिन क्षण क्षण सूना!

दृग-पुलिनों पर
हिम से मृदुतर,
करुणा की लहरों में बह कर,
जो आ जाते मोती, उन बिन,
नवनिधियोंमय जीवन सूना!
तेरी सुधि बिन क्षण क्षण सूना!

जिसका रोदन,
जिसकी किलकन,
मुखरित कर देते सूनापन,
इन मिलन-विरह-शिशुओं के बिन
विस्तृत जग का आँगन सूना!
तेरी सुधि बिन क्षण क्षण सूना!

●

टूट गया वह दर्पण निर्मम!

उसमें हँस दी मेरी छाया!
मुझमें रो दी ममता माया,
अश्रु-हास ने विश्व सजाया,

रहे खेलते आँखमिचौनी
प्रिय! जिसके परदे में 'मैं'-'तुम'!
टूट गया वह दर्पण निर्मम!

अपने दो आकार बनाने,
दोनों का अभिसार दिखाने,
भूलों का संसार बसाने,

जो झिलमिल झिलमिल सा तुमने
हँस हँस दे डाला या निरुपम!
टूट गया वह दर्पण निर्मम!

कैसा पतझर कैसा सावन,
कैसी मिलन विरह की उलझन,
कैसा पल घड़ियोंमय जीवन,

कैसे निशि-दिन कैसे सुख दुख
आज विश्व में तुम हो या तम!
टूट गया वह दर्पण निर्मम!

किसमें देख सँवारूँ कुन्तल,
अंगराग पुलकों का मल मल
स्वप्नों से आँजूँ पलकें चल,

किस पर रीझूँ किससे रूठूँ,
भर लूँ किस छवि से अन्तरतम,
टूट गया वह दर्पण निर्मम!

आज कहाँ मेरा अपनापन,
तेरे छिपने का अवगुण्ठन,
मेरा बन्धन तेरा साधन,

तुम मुझमें अपना सुख देखो
मैं तुममें अपना दुख प्रियतम!
टूट गया वह दर्पण निर्मम!

●

ओ विभावरी!

चाँदनी का अंगराग,

माँग में सजा पराग,

रश्मि-तार बाँध मृदुल

चिकुर-भार री!

ओ विभावरी!

अनिल घूम देश-देश,

लाया प्रिय का सँदेश,

मोतियों के सुमन-कोष,

वार वार री!

ओ विभावरी!

लेकर मृदु ऊर्म्मबीन,

कुछ मधुर करुण नवीन,

प्रिय की पदचाप-मदिर

गा मलार री!

ओ विभावरी!

बहने दे तिमिर भार,

बुझने दे यह अंगार,

पहिन सुरभि का दुकूल

वकुलहार री!

ओ विभावरी!

●

प्रिय! जिसने दुख पाला हो!

जिन प्राणों से लिपटी हो
पीड़ा सुरभित चन्दन सी,
तूफानों की छाया हो
जिसको प्रिय-आलिंगन सी,

जिसको जीवन की हारें
हों जय के अभिनन्दन सी,
वर दो यह मेरा आँसू
उसके उर की माला हो!

जो उजियाला देता हो!
जल जल अपनी ज्वाला में,
अपना सुख बाँट दिया हो
जिसने इस मधुशाला में

हँस हालाहल ढाला हो
अपनी मधु की हाला में
मेरी साधों से निर्मित
उन अधरों का प्याला हो!

●

दीपक में पतंग जलता क्यों?
प्रिय की आभा में जीता फिर
दूरी का अभिनय करता क्यों?
पागल रे पतंग जलता क्यों?

उजियाला जिसका दीपक में,
मुझमें भी है वह चिनगारी
अपनी ज्वाला देख, अन्य की
ज्वाला पर इतनी ममता क्यों?

गिरता कब दीपक, दीपक में,
तारक में तारक कब घुलता?
तेरा ही उन्माद शिखा में
जलता है फिर आकुलता क्यों

पाता जड़ जीवन, जीवन से,
तम दिन में मिल दिन हो जाता;
पर जीवन के, आभा के कण,
एक सदा, भ्रम में फिरता क्यों?

जो तू जलने को पागल हो,
आँसू का जल स्नेह बनेगा;
धूमहीन निस्पंद जगत में
जल-बुझ, यह वह क्रन्दन करता क्यों?
दीपक में पतंग जलता क्यों?

●

आँसू का मोल न लूँगी मैं!

यह क्षण क्या? द्रुत मेरा स्पन्दन;
यह रज क्या? नव मेरा मृदु तन;
यह जग क्या? लघु मेरा दर्पण;
प्रिय तुम क्या? चिर मेरे जीवन;

मेरा सब सब में प्रिय तुम,
किससे व्यापार करूँगी मैं?

आँसू का मोल न लूँगी मैं!

निर्जल हो जाने दो बादल,
मधु से रोते सुमनों के दल;
करुणा बिन जगती का अंचल,
मधुर व्यथा बिन जीवन के पल;

मेरे दृग में अक्षय जल
रहने दो विश्व भरूँगी मैं!

आँसू का मोल न लूँगी मैं!

मिथ्या, प्रिय मेरा अवगुण्ठन!
पाप शाप, मेरा भोलापन!
चरम सत्य यह सुधि का दंशन,
अन्तहीन, मेरा करुणा-कण;
युग युग के बन्धन को प्रिय!
पल में हँस 'मुक्ति' करूँगी मैं!

आँसू का मोल न लूँगी मैं!

●

कमलदल पर किरण-अंकित
चित्र हूँ मैं क्या चितेरे?

बादलों को प्यालियाँ भर
चाँदनी के सार से

तूलिका कर इन्द्रधनु
तुमने रँगा उर प्यार से;

काल के लघु अश्रु से
धुल जाएँगे क्या रङ्ग मेरे?

तड़ित् सुधि में, वेदना में
करुण पावस-रात भी;

आँक स्वप्नों में दिया
तुमने वसन्त-प्रभात भी;

क्या शिरीष-प्रसून से
कुम्हलाएँगे यह साज मेरे?

है युगों का मूक परिचय
देश से इस राह से;

सो गयी सुरभित यहाँ की
रेणु मेरी चाह से;

नाश के निश्वास से
मिट पाएँगे क्या चिह्न मेरे?

नाच उठते निमिष पल
मेरे चरण की चाप से;

नाप ली निःसीमता
मैंने दृगों के माप से;

मृत्यु के उर में समा क्या
पाएँगे अब प्राण मेरे?

आँक दी जग के हृदय में
अमिट मेरी प्यास क्यों?

अश्रुमय अवसाद क्यों यह
पुलक-कम्पन-लास क्यों?

मैं मिटूँगी, क्या अमर
हो जाएँगे उपहार मेरे?

●

प्रिय! मैं हूँ एक पहेली भी!

जितना मधु जितना मधुर हास
जितना मद तेरी चितवन में
जितना क्रन्दन जितना विषाद
जितना विष जग के स्पन्दन में

पी पी मैं चिर दुख प्यास बनी
सुख-सरिता की रँगरेली भी!

मेरे प्रतिरोमों से अविरत,
झरते हैं निर्झर और आग
करतीं विरक्ति आसक्ति प्यार,
मेरे श्वासों में जाग जाग;

प्रिय मैं सीमा की गोद पली
पर हूँ असीम से खेली भी!

●

क्या नयी मेरी कहानी!

विश्व का कण कण सुनाता
प्रिय वही गाथा पुरानी!

सजल बादल का हृदय-कण
चू पड़ा जब पिघल भू पर
पी गया उसको अपरिचित
तृषित दरक पंक का उर;

मिट गयी उससे तड़ित सी
हाय वारिद की निशानी!

करुण यह मेरी कहानी!

जन्म से मृदु कुंज-उर में
नित्य पाकर प्यार लालन,
अनिल के चल पंख पर फिर
उड़ गया जब गन्ध उन्मन,

बन गया तब सर अपरिचित
हो गयीं कलिका बिरानी!

निठुर वह मेरी कहानी!

चीर गिरि का कठिन मानस
बह गया जो स्नेह-निर्झर,
ले लिया उसको अतिथि कह
जलधि ने जब अंक में भर,

वह सुधा सा मधुर पल में
हो गया तब क्षार पानी!

अमिट वह मेरी कहानी!

●

मधुबेला है आज
अरे तू जीवन-पाटल फूल!

आयी दुख की रात मोतियों की देने जयमाल;
सुख की मन्द बतास खोलती पलकें दे दे तान;

डर मत रे सुकुमार!
तुझे दुलराने आये शूल!

अरे तू जीवन-पाटल फूल!

भिक्षुक सा यह विश्व खड़ा है पाने करुणा प्यार;
हँस उठ रे नादान खोल दे पंखुरियों के द्वार;

रीते कर ले कोष
नहीं कल सोना होगा धूल!

अरे तू जीवन-पाटल फूल!

●

यह पतझर मधुवन भी हो!

दुख सा तुषार सोता हो
बेसुध सा जब उपवन में,
उस पर छलका देती हो
वनश्री मधु भर चितवन में;

शूलों का दंशन भी हो
कलियों का चुम्बन भी हो!

सूखे पल्लव फिरते हों
कहने जब करुण कहानी,
मारुत परिमल का आसन
नभ दे नयनों का पानी,

जब अलिकुल का क्रन्दन हो,
पिक का कल कूजन भी हो!

जब संध्या ने आँसू में
अंजन से हो मसि घोली,
तब प्राची के अंचल में
हो स्मित से चर्चित रोली;

काली अपलक रजनी में
दिन का उन्मीलन भी हो!

जब पलकें गढ़ लेती हों,
स्वाती के जल बिन मोती,
अधरों पर स्मित की रेखा,
हो आकर उनकी धोती,

निर्मम निदाघ में मेरे
करुणा का नव घन भी हो!

●

मुस्काता संकेत-भरा नभ
अलि क्या प्रिय आनेवाले हैं?

विद्युत के चल स्वर्णपाश में बँध हँस देता रोता जलधर;
अपने मृदु मानस की ज्वाला गीतों से नहलाता सागर;

दिन निशि को, देती निशि दिन को
कनक-रजत के मधुप्याले हैं!
अलि क्या प्रिय आनेवाले हैं?

मोती बिखरातीं नूपुर के छिप तारक-परियाँ नर्तन कर;
हिमकण पर आता जाता-मलयानिल परिमल से अंजलि भर;

भ्रान्त पथिक से फिर फिर आते
विस्मित पल क्षण मतवाले हैं?
अलि क्या प्रिय आनेवाले हैं?

सघन वेदना के तम में, सुधि जाती सुख सोने के कण भर;
सुरधनु नव रचतीं निश्वासें स्मिति का इन भीगे अधरों पर;

आज आँसुओं के कोषों पर,
स्वप्न बने पहरेवाले हैं!
अलि क्या प्रिय आनेवाले हैं?

नयन श्रवणमय श्रवण नयनमय आज हो रहे कैसी उलझन!
रोम-रोम में होता री सखि एक नया का-सा स्पन्दन!

पुलकों से भर फूल बन गये
जितने प्राणों के छाले हैं!
अलि क्या प्रिय आनेवाले हैं?

●

झरते नित लोचन मेरे हों!

जलती जो युग युग से उज्ज्वल,
आभा से रच रच मुक्ताहल

वह तारक-माला उनकी,
चल विद्युत के कंकण मेरे हों!
झरते नित लोचन मेरे हों!

ले ले तरल रजत औ' कंचन,
निशि-दिन ने लीपा जो आँगन,

वह सुषमामय नभ उनका,
पल पल मिटते नव घन मेरे हों!
झरते नित लोचन मेरे हों!

पद्मराग-कलियों से विकसित,
नीलम के अलियों से मुखरित,

चिर सुरभित नन्दन उनका,
वह अश्रुभार-नत तृण मेरे हों!
झरते नित लोचन मेरे हों!

तम सा नीरव नभ सा विस्तृत,
हास रुदन से दूर अपरिचित;

वह सूनापन हो उनका,
यह सुख-दुखमय स्पन्दन मेरे हों!
झरते नित लोचन मेरे हों!

जिसमें कसक न सुधि का दंशन,
प्रिय में मिट जाने के साधन,

वे निर्वाण-मुक्ति उनके,
जीवन के शत बन्धन मेरे हों!
झरते नित लोचन मेरे हों!

बुदबुद् में आवर्त अपरिमित,
कण में शत जीवन परिवर्तित,

हों चिर सृष्टि-प्रलय उनके,
बनने-मिटने के क्षण मेरे हों!
झरते नित लोचन मेरे हों!

सस्मित पुलकित नित परिमलमय
इन्द्रधनुष सा नवरंगोंमय;

अग जग उनका कण कण उनका,
पल भर वे निर्मम मेरे हों!
झरते नित लोचन मेरे हों!

●

लाये कौन सँदेश नये घन!

अम्बर गर्वित,
हो आया नत,

चिर निस्पन्द हृदय में उसके
उमड़ें री पलकों के सावन
लाये कौन सँदेश नये घन!

चौंकी निद्रित,
रजनी अलसित,

श्यामल पुलकित कम्पित कर में
दमक उठे विद्युत के कंकण
लाये कौन सँदेश नये घन!

दिशि का चंचल,
परिमल अंचल,

छिन्न हार से बिखर पड़े सखि!
जुगुनू के लघु हीरक के कण।
लाये कौन सँदेश नये घन!

जड़ जग स्पन्दित,
निश्चल कम्पित,

फूट पड़े अवनी के संचित
सपने मृदुतम अंकुर बन बन!
लाये कौन सँदेश नये घन!

रोया चातक,
सकुचाया पिक,

मत्त मयूरों ने सूने में
झड़ियों का दुहराया नर्तन!
लाये कौन सँदेश नये घन!

सुख-दुख से भर
आया लघु उर,

मोती से उजले जलकण से
छाये मेरे विस्मित लोचन!
लाये कौन सँदेश नये घन!

●

कहता जग दुख को प्यार न कर!

अनबींधे मोती यह दृग के,
बँध पाये बन्धन में किसके?

पल पल बनते पल पल मिटते,
तू निष्फल गुँथ-गुँथ हार न कर!

कहता जग दुख को प्यार न कर!

किसने निज को खोकर पाया?
किसने पहचानी वह छाया?

तू भ्रम वह तम तेरा प्रियतम
आ सूने में अभिसार न कर।

कहता जग दुख को प्यार न कर।

यह मधुर कसक तेरे उर की,
कंचन की और न हीरक की;

मेरी स्मित से इसका विनिमय
कर ले या चल व्यापार न कर।

कहता जग दुख को प्यार न कर!

दर्पणमय है अणु अणु मेरा,
प्रतिबिम्बित रोम रोम तेरा,

अपनी प्रतिछाया से भोले!
इतनी अनुनय मनुहार न कर!

कहता जग दुख को प्यार न कर!

सुख-मधु में क्या दुख का मिश्रण!
दुख-विष में क्या सुख-मिश्री-कण!

जाना कलियों के देश तुझे
तो शूलों से शृङ्गार न कर!

कहता जग दुख को प्यार न कर!

●

मत अरुण घूँघट खोल री!

वृन्त बिन नभ में खिले जो,
अश्रु बरसाते हँसे जो,

तारकों के वे सुमन
मत चयन कर अनमोल री!

तरल सोने से धुलीं ये,
पद्मरागों से सजीं ये,

उलझ अलकें जाएँगी
मत अनिलपथ में डोल री!

निशि गयी मोती सजाकर,
हाट फूलों में लगाकर,

लाज से गल जाएँगे
मत पूछ इनसे मोल री!

स्वर्ण-कुमकुम में बसा कर,
है रँगी नव मेघ-चूनर,

बिछल मत धुल जाएगी
इन लहरियों में लोल री!

चाँदनी की सित सुधा भर,
बाँटता इनसे सुधाकर,

मन कली की प्यालियों में
लाल मदिरा घोल री!

पलक सीपें नींद का जल,
स्वप्नमुक्ता रच रहे, मिल,

है न विनिमय के लिए
स्मित से इन्हें मत तोल री!

खेल, सुख-दुख से चपल थक,
सो गया जग-शिशु अचानक,

जाग मचलेगा न तू
कल खग-पिकों में बोल री!

●

जग करुण करुण, मैं मधुर मधुर!
दोनों मिल कर देते रजकण,
चिर करुण-मधुर सुन्दर सुन्दर!

जग पतझर का नीरव रसाल,
पहने हिमजल की अश्रुमाल,
मैं पिक बन गाती डाल डाल,
सुन फूट फूट उठते पल पल,
सुख-दुख-मंजरियों के अंकुर!

विस्मृत-शशि के हिम-किरण-बाण,
करते जीवन-सर मूकप्राण,
बन मलय-पवन चढ़ रश्मि-यान,
मैं आती ले मधु का सँदेश,
भरने नीरव उर में मर्मर!

यह नियति-तिमिर-सागर अपार,
बुझते जिसमें तारक-अँगार;
मैं प्रथम रश्मि सी कर श्रृंगार,
आ अपनी छबि से ज्योतिर्मय,
कर देती उसकी लहर लहर!

युग से थी प्रिय की मूक बीन,
थे तार शिथिल कम्पनविहीन,
मैंने द्रुत उनकी नींद छीन,
सूनापन कर डाला क्षण में
नव झंकारों से करुण-मधुर!

जग करुण-करुण, मैं मधुर-मधुर!

●

प्राणपिक प्रिय—नाम रे कह!

मैं मिटी निस्सीम प्रिय में,
वह गया बँध लघु हृदय में;
अब विरह की रात को तू
चिर मिलन का प्रात रे कह!

दुख–अतिथि का धो चरणतल,
विश्व रसमय कर रहा जल;
वह नहीं क्रन्दन हठीले!
सजल पावसमास रे कह!

ले गया जिसको लुभा दिन,
लौटती वह स्वप्न बन बन,
है न मेरी नींद, जागृति
का इसे उत्पात रे कह!

एक प्रिय - दृग - श्यामता सा,
दूसरा स्मित की विभा सा,
यह नहीं निशिदिन, इन्हें
प्रिय का मधुर उपहार रे कह!

श्वास से स्पन्दन रहे झर,
लोचन से रिस रहा उर;
दान क्या प्रिय ने दिया
निर्वाण का वरदान रे कह!

चल क्षणों का क्षणिक संचय,
बालुका से बिन्दु-परिचय;
कह न जीवन तू इसे
प्रिय का निठुर उपहार रे कह!

तुम दुख बन इस पथ से आना!

शूलों में नित मृदु पाटल सा;
खिलने देना मेरा जीवन;

क्या हार बनेगा वह जिसने
सीखा न हृदय को बिंधवाना!

वह सौरभ हूँ मैं जो उड़कर
कलिका में लौट नहीं पाता,

पर कलिका के नाते ही प्रिय
जिसको जग ने सौरभ जाना।

नित जलता रहने दो तिल तिल,
अपनी ज्वाला में उर मेरा;

इसकी विभूति में फिर आकर
अपने पद-चिह्न बना जाना!

वह देते हो तो कर दो ना,
चिर आँखमिचौनी यह अपनी,

जीवन में खोज तुम्हारी है
मिटना ही तुमको छू पाना!

प्रिय! तेरे उर में जग जावे,
प्रतिध्वनि जब मेरे पी पी की;

उसको जग समझे बादल में
विद्युत का बन बन मिट जाना!

तुम चुपके से आ बस जाओ,
सुख-दुख सपनों में श्वासों में,

पर मन कह देगा 'यह वे हैं'
आँखें कह देंगी 'पहचाना'!

जड़ जग के अणुओं में स्मित से,
तुमने प्रिय जब डाला जीवन,

मेरी आँखों ने सींच उन्हें
सिखलाया हँसना खिल जाना!

कुहरा जैसे घन आतप में,
यह संसृति मुझमें लय होगी;

अपने रागों से लघु वीणा
मेरी मत आज जगा जाना?

तुम दुख बन इस पथ से आना!

●

अलि वरदान मेरे नयन!

उमड़ता भव-अतलसागर,
लहर लेते सुखसरोवर,

चाहते पर अश्रु का लघु
बिन्दु प्यासे नयन!
प्रिय घनश्याम चातक नयन!

पी उजाला तिमिर पल में,
फेंकता रविपात्र जल में,

तब पिलाते स्नेह अणु अणु
को छलकते नयन!
दुख-मद के चषक यह नयन!

छू अरुण का किरण-चामर,
बुझ गये नभ-दीप निर्भर;

जल रहे अविराम पथ में
किन्तु निश्चल नयन!
तममय विरह दीपक नयन!

उलझते नित बुद्बुदे शत,
घेरते आवर्त आ द्रुत;

पर न रहता लेश, प्रिय की
स्मित रँगे यह नयन!
जीवन-सरित-सरसिज नयन!

मैं मिटूँ ज्यों मिट गया घन,
उर मिटे ज्यों तड़ित-कम्पन;

फूट कण कण से प्रकट हों
किन्तु अगणित नयन!
प्रिय के स्नेह-अंकुर नयन!
अलि वरदान मेरे नयन!

●

दूर घर मैं पथ से अनजान!

मेरी ही चितवन से उमड़ा तम का पारावार;
मेरी आशा के नव अंकुर शूलों में साकार;
पुलिन सिकतामय मेरे प्राण!

मेरे निश्वासों से बहती रहती झंझावात;
आँसू में दिनरात प्रलय के घन करते उत्पात;
कसक में विद्युत् अन्तर्धान!

मेरी ही प्रतिध्वनि करती पल पल मेरा उपहास;
मेरी पदध्वनि में होता नित औरों का आभास;
नहीं मुझसे मेरी पहचान!

दुख में जाग उठा अपनेपन का सोता संसार;
सुख में सोई री प्रिय-सुधि की अस्फुट सी झंकार;
हो गये सुख-दुख एक समान!

बिन्दु बिन्दु ढुलने से भरता उर में सिन्धु महान;
तिल तिल मिटने से होता है चिर जीवन निर्माण;
न सुलझी यह उलझन नादान!

पल पल के झरने से बनता युग का अदभुत हार;
श्वास श्वास खोकर जग करता नित दिव से व्यापार;
यही अभिशाप यही वरदान!

इस पथ का कण कण आकर्षण, तृण तृण में अपनाव;
उसमें मूक पहेली है पर इसमें अमिट दुराव!
हृदय को बन्धन में, अभिमान!

दूर घर मैं पथ से अनजान!

●

क्या पूजन क्या अर्चन रे?

उस असीम का सुन्दर मन्दिर मेरा लघुतम जीवन रे!
मेरी श्वासें करती रहतीं नित प्रिय का अभिनन्दन रे

पदरज को धोने उमड़े आते लोचन में जल-कण रे!
अक्षत पुलकित रोम, मधुर मेरी पीड़ा का चन्दन रे!

स्नेहभरा जलता है झिलमिल यह दीपक मन रे!
मेरे दृग के तारक में नव उत्पल का उन्मीलन रे!

धूप बने उड़ते जाते हैं प्रतिपल मेरे स्पन्दन रे!
प्रिय प्रिय जपते अधर, ताल देता पलकों का नर्तन रे!

●

प्रिय सुधि भूले री मैं पथ भूली!

मेरे ही मृदु उर में हँस बस,
श्वासों में भर मादक मधु-रस,
लघु कलिका के चल परिमल से
वे नभ छाये री मैं बन फूली!

प्रिय सुधि भूले री मैं पथ भूली?

तज उनका गिरि सा गुरु अन्तर
मैं सिकता-कण सी आई झर;
आज सजनि उनसे परिचय क्या!
वे घनचुम्बित मैं पथ-धूली!

प्रिय सुधि भूले री मैं पथ भूली!

उनकी वीणा की नव कम्पन,
डाल गयी री मुझमें जीवन!
खोज न पायी उसका पथ मैं
प्रतिध्वनि सी सूने में झूली!

प्रिय सुधि भूले री मैं पथ भूली!

●

जाग बेसुध जाग!

अश्रुकण से उर सजाया त्याग हीरक-हार,
भीख दुख की माँगने फिर जो गया प्रतिद्वार;
शूल जिसने फूल छू चन्दन किया संताप,
सुन जगाती है उसी सिद्धार्थ की पद-चाप;

करुणा के दुलारे जाग!

शंख में ले नाश मुरली में छिपा वरदान,
दृष्टि में जीवन अधर में सृष्टि ले छविमान,
आ रचा जिसने स्वरों में प्यार का संसार,
गूँजती प्रतिध्वनि उसी की फिर क्षितिज के पार;

वृन्दाविपिन वाले जाग!

रात के पथहीन तम में मधुर जिसके श्वास,
फैल भरते लघु कणों में भी असीम सुवास,
कंटकों की सेज जिसकी आँसुओं का ताज,
सुभग! हँस उठ, उस प्रफुल्ल गुलाब ही सा आज,

बीती रजनि प्यारे जाग!

●

लय गीत मदिर, गति ताल अमर,
अप्सरि तेरा नर्तन सुन्दर!

आलोक-तिमिर सित-असित चीर!
सागर-गर्जन रुनझुन मँजीर;

उड़ता झंझा में अलक-जाल
मेघों में मुखरित किंकिणि-स्वर!
अप्सरि तेरा नर्तन सुन्दर!

रवि-शशि तेरे अवतंस लोल,
सीमन्त-जटित तारक अमोल,

चपला विभ्रम, स्मित इन्द्रधनुष,
हिमकण बन झरते स्वेद-निकर!
अप्सरि तेरा नर्तन सुन्दर!

युग हैं पलकों का उन्मीलन
स्पन्दन में अगणित लय-जीवन

तेरी श्वासों में नाच नाच
उठता बेसुध जग सचराचर!
अप्सरि तेरा नर्तन सुन्दर!

तेरी प्रतिध्वनि बनती मधुदिन,
तेरी समीपता पावस क्षण,

रूपसि! छूते ही तुझमें मिट,
जड़ पा लेता वरदान अमर!
अप्सरि तेरा नर्तन सुन्दर!

जड़ कण कण के प्याले झलमल,
छलकी जीवन-मदिरा छल-छल;

पीती थक झुक-झुक झूम-झूम;
तू घूँट घूँट फेनिल सीकर!
अप्सरि तेरा नर्तन सुन्दर!

बिखराती जाती तू सहास,
नव तन्मयता उल्लास लास;

हर अणु कहता उपहार बनूँ
पहले छू लूँ जो मृदुल अधर!
अप्सरि तेरा नर्तन सुन्दर!

हे सृष्टि-प्रलय के आलिङ्गन!
सीमा-असीम के मूक मिलन!

कहता है तुझको कौन घोर;
तू चिर रहस्यमयि कोमलतर!
अप्सरि तेरा नर्तन सुन्दर!

तेरे हित जलते दीप-प्राण,
खिलते प्रसून हँसते विहान;

श्यामाङ्गिनि! तेरे कौतुक को
बनता जग मिट मिट सुन्दरतर!
प्रिय प्रेयसि! तेरा लास-अमर!

●

उर तिमिरमय घर तिमिरमय
चल सजनि दीपक बार ले!

राह में रो रो गये हैं
रात और विहान तेरे,
काँच से टूटे पड़े यह
स्वप्न, भूलें, मान तेरे;

फूलप्रिय; पथ शूलमय
पलकें बिछा सुकुमार ले!

तृषित जीवन में घिरे घन—
बन, उड़े जो श्वास उर से,
पलक-सीपी में हुए मुक्ता
सुकोमल और बरसे;

मिट रहे नित धूलि में
तू गूँथ इनका हार ले!

मिलनवेला में अलस तू
सो गयी कुछ जाग कर जब
फिर गया वह, स्वप्न में
मुस्कान अपनी आँक कर तब!

आ रही प्रतिध्वनि वही फिर
नींद का उपहार ले!

चल सजनि दीपक बार ले!

●

तुम सो जाओ मैं गाऊँ?

मुझको सोते युग बीते,
तुमको यों लोरी गाते;

अब आओ मैं पलकों में
स्वप्नों से सेज बिछाऊँ!

प्रिय! तेरे नभमन्दिर के
मणिदीपक बुझ-बुझ जाते,

जिनका कण कण विद्युत है
मैं ऐसे प्राण जलाऊँ!

क्यों जीवन के शूलों में
प्रतिक्षण आते जाते हो!

ठहरो सुकुमार! गला कर
मोती पथ में फैलाऊँ!

पथ की रज में है अंकित
तेरे पदचिह्न अपरिचित;

मैं क्यों न इसे अंजन कर
आँखों में आज बसाऊँ!

जब सौरभ फैलाता उर,
तब स्मृति जलती है तेरी;

लोचन कर पानी पानी
मैं क्यों न उसे सिंचवाऊँ?

इन भूलों में मिल जातीं,
कलियाँ तेरी माला की;

मैं क्यों न इन्हीं काँटों का
संचय जग को दे जाऊँ?

अपनी असीमता देखो,
लघु दर्पण में पल भर तुम,

मैं क्यों न यहाँ क्षण क्षण को
धो धो कर मुकुर बनाऊँ?

हँसने में छप जाते तुम,
रोने में वह सुध आती;

मैं क्यों न जगा अणु अणु को
हँसना रोना सिखलाऊँ?

●

जागो बेसुध रात नहीं यह!

भीगीं मानस के दुखजल से,
भीनी उड़ते सुख-परिमल से,

हैं बिखरे उर की निश्वासें,
मादम मलय-वतास यहीं यह!

पारद के मोती से चंचल,
मिटते जो प्रतिपल बन ढुल ढुल,

है पलकों में करुणा के अणु,
पाटल पर हिमहास नहीं यह!

कूलहीन तम के अन्तर में,
दमक गयीं छिप जो क्षण भर में,

हैं विषाद में बिखरी स्मृतियाँ
घन चपला का लास नहीं यह!

श्रमकण में ले, ढुलते हीरक,
अंचल से ढक आशा-दीपक

तुम्हें जगाने आयी पीड़ा,
स्वप्नों का परिहास नहीं यह!

●

केवल जीवन का क्षण मेरे!
फिर क्यों प्रिय मुझको अग जग
का प्यासा कण कण घेरे!

नव घन-विद्युत् माँग रहे पल,
अम्बर फैला नित अंचल;
उसको माँग रहे हँस
रोकर कितने रात सवेरे!

कलियाँ रोती हैं सौरभ भर,
निर्झर मानस आँसूमय कर,
उस क्षण के हित मत्त समीरण
करता शत शत फेरे!

तारे बुझते हैं जल निशिभर,
स्नेह नया लाते भर फिर फिर,
सागर की लहरों लहरों में
करती प्यास बसेरे!

लुटता इस पर मधुमद परिमल,
झर जाते गल कर मुक्ताहल,
किसको दूँ किसकों लौटाऊँ,
लघु पल ही घन मेरे?